D1179411

VillA Alfabet

Prinsesje Zonnekind

Anne Takens

educatieve

uitgeverij

Maretak

Villa Alfabet is een leesserie voor de betere lezer van groep 3 tot en met groep 8.
Villa Alfabet oranje is bestemd voor lezers vanaf groep 3.
Een Villa Alfabetboek biedt de goede lezer een uitdagende lees-ervaring en verdiept deze ervaring door het extra materiaal dat in het boek is opgenomen. Daarnaast is bij elk boek materiaal ont-wikkeld dat in een aparte uitgave is verschenen: 'Villa Verdieping'.

STICHTING NEDERLANDSE
KINDERJURY
2003

© 2002 Educatieve uitgeverij Maretak, Postbus 110, 8250 AC Dronten

Illustraties: Elly Hees
Teksten blz. 6, 60, 61, 63: Cees Hereijgens en Ed Koekebacker
Vormgeving: Cascade visuele communicatie, Amsterdam
ISBN 90 437 0121 1
NUGI 140/220
AVI 7

Inhoud

(Als je ♠ tegenkomt, ga dan naar bladzij 63.
En als je het boek uit hebt, kom dan op bezoek
in Villa Alfabet, op bladzij 60-62.)

Dit verhaal is een sprookje. Eerst is het leven van
de prinses zo mooi als een sprookje maar kan
zijn. Dan ontdekt ze in het paleis een zwarte
kamer en een heks. Ze wordt bang. Niemand
luistert naar haar. Haar leven als een sprookje
verandert. Loopt het sprookje goed af?

1 Prinses Esmée

Er was eens een prinsesje dat Esmée heette.
Ze woonde in een kasteel zo wit als sneeuw.
Het stond op de top van een berg,
dicht bij de grote zee.
Zeven torentjes had het kasteel
en alle zeven waren ze rood.
Zo rood als kersen in mei.
De vader van Esmée was de koning
en haar moeder de koningin.
De koningin had zeven hoeden:
een paarse, een gele, een groene,
een bruine, een zwarte, een witte en een rode.
De paarse hoed droeg ze op een vrolijk feest.
De gele was voor als de zon scheen.
De groene zette ze op haar hoofd
als het regende.

De bruine deed ze op als ze boos was.
De zwarte hoed was voor als ze bang was.
De witte bewaarde ze voor een bruiloft
en de rode voor als ze jarig was.
Bijna elke dag droeg de koningin haar gele hoed,
want bijna elke dag scheen de zon.
Met haar hoed op zat de koningin in haar kamer,
achter een bureau van wit marmer
met zilveren randjes.
Daar schreef ze lange brieven met lange zinnen
en met moeilijke woorden erin.
Of ze praatte met de lakeien en de koks
en met de deftige ministers,
of met prinsen en prinsessen uit verre landen.
De koningin had het altijd druk.
Als ze aan het werk was,
mocht Esmée haar niet storen.
Maar soms sloop het prinsesje stiekem
de koninginnekamer in,
met haar tekenboek en haar pen.
Dan kroop ze onder het bureau.
Daar was het warm en gezellig.

Vlakbij waren haar moeders benen
en haar mooie schoenen.
Schoenen van zilver met strikjes van fluweel.
Esmée aaide heel zacht over die strikjes.
Haar moeder merkte het niet.
Dan begon ze te tekenen.
Ze tekende het kasteel met de rode torentjes.
En een prinsesje erbij. Dat was zij.
En een mevrouw erbij. Met een hoed op.
Dat was haar moeder. De koningin.

Esmée was een rijk prinsesje.
Ze at van een gouden bordje
en dronk uit een zilveren bekertje.
Ze sliep in een hemelbed,
onder een dekbed van blauw satijn.
Ze had kasten vol speelgoed en knuffels
maar leuker dan haar speelgoed
vond ze de meeuwen.
De meeuwen waren stoer en sterk.
Ze roken naar de zee, naar vis en verre landen.
Dag en nacht vlogen ze rond het kasteel

en schreeuwden: 'Kra! Kra! Kra!'
Esmée voerde de vogels brood en koekjes.
Soms aten ze uit haar hand
en vaak kreeg ze veertjes cadeau.
Kleintjes en grote. Witte en grijze.
Esmée spaarde die veren.
Ze stopte ze in een gouden doosje
en ze had er al honderd.

Elke avond wachtte het prinsesje op Iwan.
Iwan was de mooiste vogel van de wereld.
Hij was veel groter dan een meeuw
en anders, heel anders.
Zijn snavel was zo rood als bloed
en zijn ogen leken van kristal.
Zijn veren hadden alle kleuren van de regenboog:
rood, oranje, geel, groen, paars, blauw en violet.
En tussen die kleurige veren...
zat een veer van goud.
Als de zon bijna onderging, gebeurde het.
Dan landde Iwan op de vensterbank
en Esmée vroeg met haar liefste stem:
'Iwan, mag ik je veer van goud?
Ik vind hem zo mooi!
Ik wil hem in mijn doosje leggen
en zal hem voor eeuwig bewaren.
Mag ik hem, Iwan?'
Ze gaf Iwan worstjes en spekjes
en broodjes met krenten en rozijnen.
Iwan smulde van het lekkers
maar de veer van goud kreeg Esmée niet...

10

2 Gaat de zon nooit uit?

De vader van Esmée had een makkelijk leventje.
Hij hoefde geen lange brieven te schrijven.
Dat deed zijn vrouw al. De koningin.
Hij hoefde niet met de lakeien te praten
of met de deftige ministers.
Dat deed zijn vrouw al. De koningin.
Soms vroeg de koning:
'Zal ik je helpen, koningin?
Laat me ook een paar brieven schrijven.'
Maar dan zei de koningin:
'Nee, dat is echt niet nodig, lieverd.
Ga jij maar lekker naar de tuin.'
En dat deed de koning dus.
De tuin van het kasteel was net een droom.
In de lente was hij helemaal blauw
van de vergeet-me-nietjes

en in de zomer geurden de rozen.
Er waren vijvers en fonteinen
en ook een prachtige waterval,
waar je onderdoor kon lopen.
Midden in de tuin stond een tuinhuis.
Het dak was van zilver,
de vloer was van marmer
en langs de muren hingen trossen druiven.
Ze waren zoet en smaakten naar honing.

De koning was het liefst in het tuinhuis.
Daar zette hij zijn kroon af.
Daar trok hij zijn deftige pak uit
en zijn overhemd van wit satijn.
Daar knoopte hij zijn stropdas los
en gooide hem over een stoeltje.
Dan ging hij lekker zonnen in een luie stoel.
In zijn blote borst.
Bijna elke dag hielp hij de tuinman.
Samen schoffelden ze het rozenperk
of ze maaiden het gazon.
Als ze moe waren, dronken ze een pilsje,

12

en aten er nootjes bij.
Soms keek de koning wel eens omhoog.
Naar de kamer van de koningin.
En hij riep: 'Koningin! Kom in de tuin!
De zon schijnt! Het leven is kort, koningin!
Je moet genieten! Neem even pauze, koningin!'

De koningin hoorde de koning roepen.
Ze stak haar hand op naar hem
en na een poos kwam ze naar buiten lopen.
Ze ging op een stoeltje zitten.
Haar gele hoed hield ze op
maar haar schoenen schopte ze uit.
De lakeien brachten lekkere hapjes:
broodjes zalm, ijs met slagroom en taartjes.
En als ze zaten te smullen zei de koning:
'Wat zijn we toch gelukkig.
Wat hebben we het toch goed.
We hebben een kasteel met rode torentjes.
En elke dag schijnt de zon.
Dit mag nooit voorbij gaan.
Zo moet het altijd blijven.'
Dan knikte de koningin.
Maar ze dacht aan lang geleden...
En Esmée vroeg: 'Gaat de zon nooit uit?'
'Nee, natuurlijk niet, kindje,' zei de koning.
'Is de zon nooit eens moe?' vroeg Esmée,
'van al dat schijnen?'
Haar vader begon te lachen en zei:

'De zon is sterk, groot en warm.
Nooit is hij moe.
En hij weet precies wat hij moet doen.
's Avonds gaat hij onder
en 's ochtends komt hij weer op.
Dat zal nooit veranderen.'
'Gelukkig maar,' zei Esmée.
Maar de koningin keek peinzend in de verte.
Ze dacht aan lang geleden.
Esmée kneep haar ogen tot spleetjes.
Ze tuurde omhoog naar de hemel.
De lucht was blauw, met witte wolkjes.
En de zon was groot, sterk en warm.
Het prinsesje hoorde de meeuwen.
De meeuwen van de zee.
Ze vlogen rond het kasteel en riepen:
'Kliauw! Kliauw! Kra! Kra!'
Het klonk vrolijk en droevig tegelijk.

3 Het zwarte kamertje

Op een dag was Esmée aan het hinkelen.
Ze hinkelde het hele kasteel door.
'Hinkel je fijn?' vroegen de lakeien.
'Ja!' riep Esmée. 'Ik hinkel naar heel ver!'
'Word maar niet moe!' riepen de lakeien.
'Nee, hoor!' zei Esmée lachend.
Ze hinkelde naar de keuken.
Daar stonden de koks achter de fornuizen.
Ze kookten, bakten en braadden.
'Ik ruik gebakken aardappeltjes!'
riep het prinsesje
en ze pikte een goudbruin krieltje uit een pan.
Een kok stopte een rijpe aardbei in haar mond
en vier zoete druiven.
Esmée smulde en hinkelde weer door,
zaal in, zaal uit, kamer in, kamer uit.

Opeens kwam ze in een smal gangetje.
Daar was ze nog nooit geweest.
Ze hinkelde langs een witte muur.
Er hing een schilderij.

Er stonden rotsen op. En de zee. De grote zee.
De rotsen leken op griezelige heksen.
En de zee was woest en donker en vol geheimen.
Aan het eind van de gang stond een bruine kast.
Nieuwsgierig deed Esmée de kastdeur open.
'Oh!' riep ze. 'Wat veel jurken!'
Aan een roe hingen wel dertig japonnen.
Die waren vast van haar moeder de koningin.

Esmée kroop in de kast.
Ze verstopte zich achter de jurken.
De lange rokken ritselden en knisperden.
Ze waren zo zacht als poesjes
en ze roken lekker. Naar zeep.
Esmée leunde tegen de achterwand van de kast.
Opeens voelde ze dat de wand bewoog...
De kastwand was... een deur!
En die deur ging open...
Het prinsesje zag een wenteltrap.
Wat zou er onder aan die trap zijn?
Een donkere kelder?
Of een gevangenis voor boeven?
Of zou er soms een spook wonen?
Esmée voelde haar hart bonzen.
Ze hoorde een stemmetje in de verte:
'Kom maar, prinsesje! Kom maar!'
Esmée hield zich vast aan de leuning.
Langzaam ging ze de trap af.
Ze schrok van een vleermuis,
die tegen de muur hing.
Ze zag een spinnenweb,

met een dikke kruisspin erin.
Ik ga terug... dacht ze,
maar toch liep ze door.
Ze kwam in een kelder.
Het was er klam en vochtig.
Het prinsesje rilde.
Voetje voor voetje liep ze verder.
Ineens ontdekte ze een deurtje.
Er zat een kijkgaatje in.
Ze ging op haar tenen staan
en loerde door het gaatje...
'Oh!' riep ze. 'Daar is een kamertje!
Het is helemaal zwart!
De vloer is zwart en de muren ook!
En daar staat een bed!
Dat is ook al zwart!
Toen zag ze... een heks!
Een heks in een zwarte, harige mantel.
Op haar pluizige haren stond een hoed.
Een punthoed met manen en sterren.
De heks liep heen en weer in het kamertje
en zong met een krakerige stem:

'Ik ben de heks van de nacht...
Ik haat de zon en hou van de nacht.
Nacht nacht, kom zwarte nacht.
Kom en maak de wereld donker.
Kom zwarte nacht. Ik wacht...
Zon, zon, ga uit, ga uit.
Stil slaapt de zee, zonder geluid.
Slaap zal er zijn...
Slaap voor altijd.
Nacht zal het worden.
Nacht voor altijd...'

Esmée hield haar adem in.
Wat zong die heks eng!
'Nacht zal het worden...
Nacht voor altijd...'

Esmée begon te rennen.
Vlug, vlug, door de schemerige kelder,
en vlug vlug de wenteltrap op.
Haar hart bonsde en ze gilde:
'Mammie, pappie! Help!'

4 De nachtheks

Esmée holde door de zalen van het kasteel.
Langs de beelden van steen en marmer,
langs de kandelaars van goud en zilver,
langs de deftige tafels en stoelen.
Ze rende de hal in.
Daar zaten twee lakeien op fluwelen bankjes.
Ze vroegen: 'Prinsesje, waarom kijk je zo bang?
'Doe open de poort!' hijgde Esmée.
De lakeien trokken de deur van het kasteel open
en Esmée stormde de tuin in.
Daar zongen de vogels en de bloemen geurden.
De fonteinen spetterden
en de waterval schitterde in het zonlicht.
De koning en de koningin zaten in het tuinhuis.
Ze dronken limonade en aten koekjes.
De koningin droeg haar gele hoed

en de koning had een zakdoek op zijn hoofd.
Omdat het zo warm was.
Esmée rende naar haar vader toe
en kroop weg in zijn armen.

'Kind toch!' riep de koning.
'Wat klopt je hartje wild!
En waarom hijg je zo?
Waar ben je geweest?
En wat is er gebeurd?'
'Pappie...' snikte Esmée.
'Er is... iets engs!
Het enge is in het smalle gangetje!
Achter de bruine kast!
Daar is een wenteltrap.
En onder aan de trap is een kelder.
En daar... daar woont een heks!
Ze heeft een kamertje en alles is er zwart!
De heks zong dat het nacht zal worden!
Nacht voor altijd!'
De koningin sprong van haar stoel.
Haar gele hoed viel in het gras.
Ze werd wit om haar neus
en fluisterde: 'Ze is gekomen...
De nachtheks...
Nu komt het ongeluk!'
De koning had het gefluister gehoord.

Hij riep: 'Hou op, lieverd!
Het ongeluk komt echt niet, hoor!'
'Ja, het komt wel!' jammerde de koningin.
Ze trok Esmée naar zich toe,
kuste haar en fluisterde:
'Kindje, ik moet je iets vertellen.
Toen jij geboren werd, was het zomer.
Het was feest op ons kasteel.
Er kwamen prinsen en prinsessen
en jij kreeg kusjes en cadeautjes.
Iedereen noemde jou 'zonnekindje'
omdat je geboren was in de zomerzon.
Ja, jij bent echt een kind van de zon.
Zo lief en vrolijk.
Maar... op het feest kwam ook een heks.
Ze droeg een zwarte, harige jurk
en ze had spierwitte kousen aan.
De heks liep naar je wieg
en opeens trok ze een briefje uit haar kous.
Ze legde het op je dekentje, in je wieg.
Ik griste het briefje naar me toe en las:

Ik maakte een propje van het briefje
en gooide het in de open haard.
Toen joegen we de heks weg.
Dat was dom van ons.
We hadden haar taart moeten geven.
En grote glazen bessenlimonade.
We hadden met haar moeten praten.
We hadden moeten vragen:
'Lieve nachtheks, waarom haat je de zon?
De zon is toch fijn en warm?
Waarom doe je zo raar, nachtheks?'
Maar dat deden we niet.

We riepen: 'Ga weg, enge heks!
En kom nooit meer op ons kasteel!'
De heks pakte haar bezemsteel
en vloog weg naar de wolken.
In de verte hoorden we haar schreeuwen:
'Op een dag kom ik terug!
Dan breng ik ongeluk'!'

Esmée had stil naar haar moeder geluisterd.
Ze vroeg: 'Is dat echt gebeurd?
Toen ik geboren was?'
'Ja,' zei haar moeder.
'En nu... is de nachtheks terug...'

Esmée kreeg het koud.
Ze voelde kippenvel op haar armen en benen.
Zou het uitkomen wat de heks had voorspeld?
Zou ze een kind van de nacht worden?

5 Op slot

De koningin begon te huilen.
Kleine zilveren traantjes
rolden over haar wangen.
Ze veegde ze weg met een zakdoekje
en snoot haar neus.
De koning riep: 'Lieverd, hou op met dat gehuil!'
Hij sprong van zijn stoel
en zette de gouden kroon op zijn hoofd.
Toen trok hij zijn overhemd aan,
strikte zijn stropdas vast,
en beende naar het kasteel.
'Wat ga je doen!' vroeg de koningin.
'Ik ga die heks wegjagen!' riep de koning.
'Ik duld geen heks in mijn kasteel!
Ze gaat eruit! Wat denkt ze wel!'
De koningin riep: 'Je hebt je korte broek aan!

Dat past niet voor een koning!
Trek je zwarte pak aan!
Het hangt over de stoel!'
Maar de koning luisterde niet.
Hij rende de trappen van het bordes op
en rukte de poort van het kasteel open.
Boos draafde hij door de zalen
en door de lange, lange gangen.
Esmée en de koningin kwamen achter hem aan.
De koningin glipte haar kamer in.
Daar zocht ze haar zwarte hoed en zette hem op.
Want ze was bang...
Esmée was ook bang.
Maar ze vond het ook spannend.
Wat zou haar vader gaan doen met de heks?
Zou hij haar pakken?
Zou hij haar in de zee gooien?
Maar als de heks hem nu eens betoverde?
In een spin? Of in een kikker?
Of in een vleermuis?
Ze gilde: 'Pap! Pappie! Waar ben je?'
'Kom hier!' riep haar moeder de koningin

en ze wilde Esmée haar kamer intrekken.
Maar Esmée rukte zich los.
Ze begon te hollen.
In het smalle gangetje stond ze stil.
De deuren van de bruine kast stonden open.
De lange japonnen waren opzij geschoven
en de koning kroop uit de kast naar buiten.
Er zat stof in zijn haar
en aan zijn snor hing spinrag.
Toen hij Esmée zag, sloeg hij een arm
om haar heen en zei:
'Kindje, ik ben in de kelder geweest.
Ik heb het zwarte kamertje gezien.
Maar de nachtheks zag ik nergens.
Ik denk dat ze verdwenen is.
Misschien is ze weg. Voor altijd.'
Esmée zuchtte en fluisterde:
'Dat hoop ik maar...'
De koning veegde de spinnenwebben
uit zijn snor.
Toen deed hij de deur van de bruine kast op slot.
De sleutel gooide hij uit het open raam.

Met zacht gerinkel viel de sleutel van de berg af.
Met een plons viel hij in de zee.
'Ziezo,' zei de koning tevreden.
'De kast is op slot.
Als de heks misschien toch nog bestaat
dan zit ze opgesloten. Voor eeuwig.'
Esmée knikte, maar ze dacht:
Heksen kunnen toveren...
Ze kunnen dwars door dichte deuren heen...
Ze keek naar het schilderij met de heksenrotsen.
En ze kreeg het koud.
Haar vader trok haar naar zich toe.
Hij streelde haar blonde haren en zei:
'Kom, we gaan naar je moeder.'

Samen liepen ze door de gangen en de zalen.
De deur van de koninginnekamer
stond op een kier.
De koningin keek om een hoekje.
Haar zwarte hoed stond scheef.
De koning pakte haar hand en zei:
'Niet meer bang zijn, lieverd!

Ik heb in het zwarte kamertje gekeken.
Maar de heks heb ik niet gezien.
De deur van de kast is op slot.
De sleutel ligt in zee.
Kom. Dan gaan we naar de tuin.
De zon schijnt.'
De koningin liep met de koning en Esmée mee.
Maar haar zwarte hoed hield ze op.

Die avond wachtte Esmée op Iwan.
Het raam van haar kamer stond wijd open.
De zon ging onder
en de hemel kreeg duizend kleuren.
Eerst vlogen de meeuwen voorbij.
En toen kwam Iwan.
Hij landde op de vensterbank.
Esmée gaf hem koekjes en brood.
Iwan at uit haar hand.
De veer van goud glansde in het late licht.
Iwan keek Esmée aan met zijn ogen van kristal.
Hij zag dat ze huilde.
'Kroea!' schreeuwde hij.

Esmée veegde haar tranen weg en zei:
'Iwan, vandaag heb ik de nachtheks gezien.
Ik zag haar in een zwart kamertje,
onder in ons kasteel.
Ze wil de zon uitmaken.
Ze wil dat we voor altijd gaan slapen.
Ik ben bang.
Ik ben een zonnekind.
Maar de heks wil dat ik een nachtkind word.'
'Kroea! Kroea!' schreeuwde Iwan
en hij legde zijn snavel op Esmées hand.
Het was net of hij wilde zeggen:
'Er gaan vreemde dingen gebeuren...
Gauw al...'
Toen vloog hij weg naar het eind van de zee.

6 Pikdonker

Het was een dag midden in de zomer
en het was warm, heel warm.
De lakeien zaten te dutten
in de hal van het kasteel
en de koks veegden het zweet van hun hoofd.
Aan het eind van de middag
kwamen er donkere wolken.
Ze leken op draken en wilde beren.
'Er komt onweer!' riepen de lakeien
en ze deden alle ramen van het kasteel dicht.

Na het eten zaten ze in de grote zaal.
De koning, de koningin en het prinsesje.
De lakeien hadden kaarsen aangestoken.
Ook hadden ze een vuurtje gemaakt in de haard.
Niet omdat het koud was,

maar gewoon voor de gezelligheid.
Met z'n drietjes zaten ze op de bank
en tuurden naar de vlammetjes in de haard.
In de verte rommelde de donder.
Langs de hoge ramen vlogen de meeuwen voorbij.
'Kra, kra, kra!' schreeuwden ze.
'Ik ben bang,' zei Esmée.
Haar vader lachte en zei:
'Voor onweer hoef je niet bang te zijn.
Het gaat snel voorbij.
En dan schijnt de zon weer.'
Een bliksemschicht schoot door de lucht.
Esmée schrok en kneep haar ogen dicht.
'Zullen we een spelletje doen? vroeg de koning.
'Ik heb eigenlijk geen tijd,' zei de koningin.
'Ik moet nog drie brieven schrijven.'
'Dat doe je morgen maar,' zei de koning
en uit een kast haalde hij een spel te voorschijn.
'Ja, leuk!' riep Esmée. 'Mens-erger-je-niet!
Ik wil winnen.'
Met voorzichtige vingers
zette ze de pionnen neer.

Haar vader mocht de rode pion.
Haar moeder koos de zwarte
en Esmée wilde de gele.
Ze liet de dobbelsteen rollen.
Zes! Zij mocht beginnen...
Ze pakte haar gele pion
maar ineens viel hij uit haar hand.
Want ze hoorde een schreeuw.
Een hoge, geheimzinnige kreet.
Was het een meeuw, die schreeuwde?
Was het Iwan die haar riep?
'Pap, hoorde je dat?' vroeg Esmée ademloos.
'Wat, lieverd?' vroeg haar vader.
'Die schreeuw!' riep Esmée.
'Dat zijn de meeuwen,' zei haar moeder.
'Speel nu, kindje.'
Esmée pakte haar pion van de grond
en liet hem over het speelbord lopen.
Zes had ze gegooid.
Zes plaatsen mocht ze vooruit.
Ze mocht nog een keer gooien.
Weer zes!

Toen klonk weer die kreet.

Heel hoog en schel!

'Het is de heks!' riep Esmée.

Het is de nachtheks!

Horen jullie dat niet?'

'Het zijn de vogels, lieverd,' zei haar vader.

'Speel nu door, prinsesje.'

Achter de ramen flitste het bliksemlicht.

En opeens zag Esmée een schaduw.

Een zwarte schaduw

schoof achter de ramen voorbij.

En iemand riep met een donkere stem:

'De tijd is gekomen!

Nu gaat het gebeuren!

Ik breng de nacht.

De nacht voor altijd.

Ik breng de slaap

De slaap voor altijd!'

Toen deden alle kaarsen hun lichtjes uit.

En het vuur in de haard doofde.

Pikdonker werd het in het kasteel.

Esmée zocht haar liefste knuffels,
Muis, Beer en Konijn,
maar ze kon ze niet vinden.
Ze zocht haar liefste poppen, Lotte en Kwienie,
maar ze waren er niet.
'Pappie, lieve pappie!' riep ze.
Maar haar vader sliep,
met zijn hoofd op Mens-erger-je-niet!
Haar moeder sliep ook.
Ze lag languit op de bank.
Haar zwarte hoed lag op haar gezicht.
'Wakker worden!' riep Esmée.
'De heks heeft jullie betoverd!
De heks heeft het nacht gemaakt!
We moeten haar pakken!
We moeten haar in de zee gooien!
Word nou wakker!'
Het prinsesje schudde haar vader en moeder
heen en weer,
maar ze waren diep, diep in slaap.
'Lakeien, help!' riep ze.
Maar de lakeien gaven geen antwoord.

Stil was het in het kasteel. En donker.
Het onweer was voorbij,
maar achter de grote ramen was de nacht.
Esmée voelde dat ze slaap kreeg.
Ze kneep in haar arm en riep:
'Ik mag niet slapen!
Ik wil niet slapen!
Ik wil niet betoverd zijn!
Ik wil geen nachtkind worden!
Ik wil een zonnekind blijven!
Ik hoop dat de zon weer komt!'

7 Slaap maar

Door het donker liep Esmée de hal in.
Ze struikelde over een drempel
en botste bijna tegen een pilaar.
Op de tast vond ze de deur van het kasteel.
Met een ruk trok ze hem open.
Ze rende het bordes af, de tuin in.
Het gras was zacht onder haar blote voeten.
Ze keek omhoog naar de hemel.
Hij was van zwart fluweel.
'Maan, maan!' riep ze. 'Maan, waar ben je?
Sterren, sterren! Kom te voorschijn!'
Maar de maan had zich verstopt
en de sterren hadden hun lichtjes uitgedaan.
Esmée wilde de wind voelen.
De wind om haar hoofd.
'Wind, wind, waar ben je!' riep ze.

Maar de wind hield zijn adem in.
'Meeuwen, meeuwen!' riep ze. 'Waar zijn jullie!'
Ze luisterde of ze de vogels hoorde.
Maar nergens klonk het vrolijke 'kra, kra, ka!'
Stil was het. Doodstil.
'Iwan! Iwan!' riep Esmée. 'Waar ben je!
Er is iets ergs gebeurd! Alles is betoverd!
Iwan, kom!' Maar Iwan kwam niet.
De waterval hield op met stromen.
De bloemen bogen hun kopjes naar de grond.
De bomen lieten hun blaadjes vallen.
Esmée ging op het gras liggen.
Ze rolde zich op als een poesje.
'Slaap maar...' fluisterde de nacht.
'Je moeder slaapt. Je vader slaapt.
Het kasteel slaapt. Alles slaapt.
En de meeuwen zijn weggevlogen.
Naar een land waar de zon schijnt.
En Iwan is ook weg.
Hij komt nooit meer terug...'

8 Een beetje mist

De uren gingen voorbij.
En de dagen gingen voorbij.
Maar de zon kwam niet op.
Het bleef donker. Pikdonker.
Esmée was een nachtkind geworden.
Ze sliep en sliep.
In haar slaap had ze zich omgedraaid.
Ze lag met haar rug op het zachte gras.
Op haar buik zat Muis.
Op haar borst zat Konijn.
En Beer?
Beer lag in haar armen.
De knuffels waren naar haar toegeslopen.
In het stille donker.
Heel stiekem. Heel geheim.
Ze hielden over haar de wacht.

Soms klonk er een kreet door de nacht.
Een hoge, schelle kreet.
Soms klonk er gegiechel.
In de verte, bij de rotsen...
Daar zat iemand zachtjes te lachen.
Omdat de zon uit was gegaan...

Het prinsesje droomde over de zon.
Ze droomde dat ze bij de waterval zat.
De zon scheen warm op haar hoofd.
In haar slaap knipperde ze met haar ogen.
Ze deed ze een beetje open en toen...
Toen zag ze licht!
Het licht danste over de rode torentjes
en over de witte muren van het kasteel.
Was het de zon?
Nee, de zon was het niet!
In de lucht klonk geruis van grote vleugels.
Er kwam een vogel aanvliegen.
Zijn vleugels hadden alle kleuren
van de regenboog.
Ze vonkten en schitterden in het donker.

De vogel landde op het gras, dicht bij Esmée.
'Kroea! Kroea!' schreeuwde hij
en even raakte hij het prinsesje aan,
met zijn vuurrode snavel.
Esmée sprong overeind.
Ze juichte: 'Iwan! Iwan!
Ik heb je geroepen!
Maar ik dacht dat je me niet hoorde!
Nu ben je er, lieve Iwan!
Wat ben je mooi!
Je vleugels geven licht!
Dat heb ik nog nooit gezien!'
Iwan zakte door zijn poten
en ging op het gras liggen.
Hij keek Esmée aan met zijn ogen van kristal
en het prinsesje wist wat hij bedoelde.
Ze pakte Muis, Beer en Konijn
en klom op zijn rug.
Ze hield zich vast aan zijn hals
en toen stegen ze op naar de donkere hemel.
'Waar gaan we naar toe?' riep Esmée
'Kroea! Kroea!' schreeuwde Iwan.

Dat betekende: 'Vraag me niets.
Je zult het wel zien.'

Ze vlogen hoog boven de zee.
De zee was niet te zien en niet te horen.
De zee sliep.
Esmée dacht: ik droom... ik droom...
Dit heb ik al zo vaak gedroomd...
Ik zit op Iwans rug
en ik weet niet waar we heen gaan.
Maar het is goed...
Muis zei: 'Ik ben bang!'
En Konijn fluisterde: 'Vliegen vind ik eng!'
Beer riep: 'Ik wil naar het hemelbed!'
Esmée streelde haar knuffels en zei:

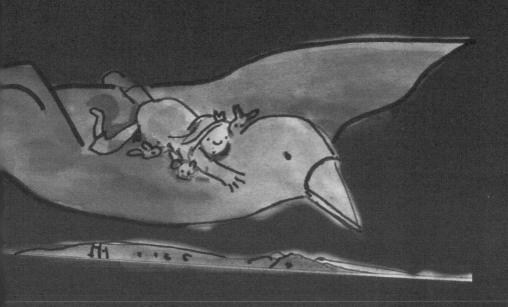

'Straks mogen jullie in mijn hemelbed.
Maar eerst gaan we iets beleven.
En dat is nog een geheim!'

Iwan vloog lager, steeds lager.
Hij landde op een zwarte rots.
Daar zakte hij door zijn poten,
zodat het prinsesje van zijn rug kon glijden.
Zijn vleugels begonnen te vlammen
en te schitteren.

Het leek wel vuurwerk in de nacht.
'Iwan!' riep Esmée. 'Die rotsen ken ik!
Ze staan op het schilderij in ons kasteel!'
In de zwarte rots was een hol.
Er kwamen rookwolken naar buiten
en er klonk een kreet, hoog en schel.
Esmée hoorde gegiechel. Zacht gegiechel...
En toen zag ze de heks. De nachtheks.
Ze stond midden in het hol.
Daar was het net zo zwart
als in het zwarte kamertje.
De nachtheks roerde in een pot en prevelde:

   'Nacht zal het blijven
   Nacht voor altijd.
   Slaap zal er zijn,
   Slaap voor altijd.
   Waar is het zonnekind?
   Een nachtkind zal ze worden.
   Een nachtkind... voor altijd.
   Want de zon is uit.
   Nooit komt hij meer op...'

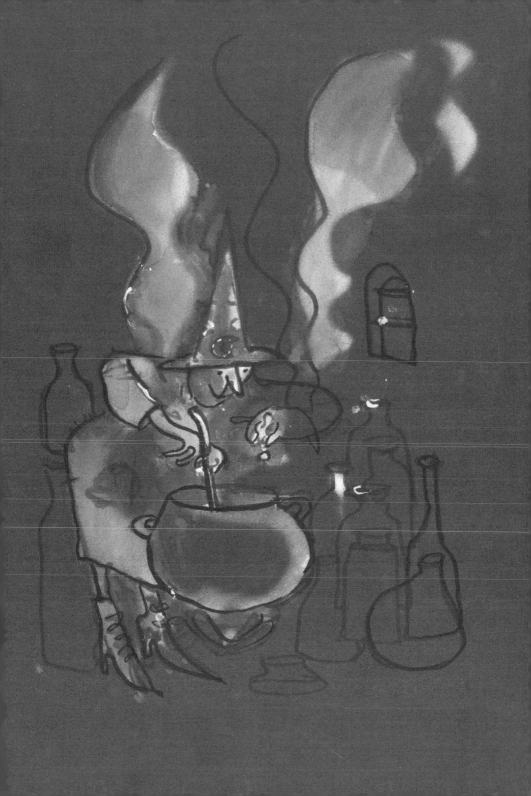

Iwan legde zijn rode snavel tegen Esmées wang.
Het was of hij wilde zeggen: Wees niet bang.
Toen stapte hij de grot in.
De kookpot dampte en de toverdrank borrelde.
Er kwam giftige rook af.
Iwan klapte met zijn vleugels
en duwde de kookpot om.
De toverdrank stroomde weg.
Gulzig dronk de aarde de drank op.
De nachtheks gilde.
Ze pakte haar bezemsteel en wilde vluchten.
Maar Iwan raakte haar aan met zijn gouden veer.
Esmée hield haar adem in.
Ze zag dat de nachtheks veranderde.
Ze werd kleiner... steeds kleiner...
Ze werd een wolkje. Een beetje mist.
De mist dreef weg, naar de zee...
'Ze is verdwenen!' juichte Esmée.
'Dank je wel, lieve Iwan!'
Ze sloeg haar armen om Iwans hals
en gaf hem een kus.

9 Dag zonnekind!

Zo snel als de wind vlogen ze naar huis.
Ze kwamen over de zee.
'Ik hoor de golven!' riep Esmée.
'De zee is weer wakker geworden!
Hoor je het ook, Iwan?
En ik zie de zon! Kijk, de zon komt op!'
Gouden stralen flitsten over de zee.
De hemel werd zo mooi als een regenboog.
Muis, Beer en Konijn keken hun ogen uit.
Iwan landde in de tuin van het kasteel.
'Hoor! De waterval!' riep Esmée blij.
De waterval stroomde weer.
Vrolijk kletterde het water op de stenen.
De bloemen tilden hun kopjes op.
De bomen hadden nieuwe blaadjes.
Merels vlogen af en aan met takjes in hun bek.

Ze bouwden nieuwe nestjes.
In de verte was de tuinman aan het werk.
Hij schoffelde het rozenperk.
Esmée klom van Iwans rug.
Ze keek naar het kasteel.
Achter de hoge ramen brandden lichtjes.
De poort van het kasteel zwaaide open
en de koning en de koningin
kwamen naar buiten.
De koning droeg zijn korte broek
en zijn haar zat een beetje in de war.
Maar de punten van zijn snor stonden omhoog.
Zo kon je zien dat hij blij was.
De koningin had twee hoeden op haar hoofd.
Haar gele en haar zwarte.
Ze sloegen hun armen om Esmée heen
en lachten en huilden tegelijk.
'Dag lief zonnekind,' zei haar vader.
'De zon is weer op! Wat een geluk!'
Esmée keek om naar Iwan.
Maar Iwan was verdwenen.
De koning pakte de hand van zijn prinsesje.

'Kom, zonnekind,' zei hij.
'We gaan feest vieren in het tuinhuis!'
De lakeien hadden vlug een taart gebakken.
Een zonnetaart. Met kersen en aardbeien erop.
Ze smulden ervan.

10 De veer van goud

Alles werd weer zoals vroeger.
Elke dag zat de koning in de tuin,
en de koningin schreef brieven in haar kamer.
Haar zwarte hoed deed ze nooit meer op,
want ze was niet bang meer.
Esmée voerde de meeuwen brood en koekjes
en ze verlangde naar Iwan.
Elke avond deed ze het raam
van haar kamertje open
maar Iwan kwam nooit meer.
Soms droomde ze over die zwarte nacht,
toen ze over de zee vloog,
toen ze tussen Iwans veren zat,
met Muis, Beer en Konijn.
Soms liep ze naar het smalle gangetje.
Dan keek ze naar het schilderij met de rotsen

en ze legde haar oor tegen de bruine kast.
Dan luisterde ze of ze de nachtheks hoorde.
Maar alles bleef stil.

Op een dag zat Esmée bij de waterval.
Ze tuurde naar de blauwe hemel.
Er dreven witte wolkjes, die op schaapjes leken.
Iwan... dacht ze... Iwan, waar ben je toch?
Opeens kwam er iets omlaag dwarrelen.
Het schitterde en glinsterde.
Esmée ving het op, in haar open handen.
Het was een veer. Hij was prachtig.
Hij was van zuiver goud.
Esmée danste op het gras en juichte:
'Iwan! Iwan, bedankt!'
Hoog in de lucht hoorde ze Iwan schreeuwen:
'Kroea! Kroea!' Het was net of hij riep:
'Dag zonnekind! Mijn veer is voor jou!
Leef maar lang en gelukkig!'
Het prinsesje rende naar haar kamer.
Ze pakte haar gouden doosje
en wilde de veer erin leggen.

Maar hij paste niet in de doos.
Hij was veel te groot.
Ze legde hem op haar kussen in het hemelbed.
Nooit zou het meer donker zijn in haar kamertje.
Want de gouden veer gaf altijd licht.
Licht voor Esmée. Het zonnekind.

Toekomstkamer

Zou jij ook zo'n gouden veer willen hebben?

De 'even-alleen-zijn'-kamer

'Kliauw! Kliauw! Kra! Kra!
Het klonk vrolijk en droevig tegelijk.'

'Ze lachten en huilden tegelijk.'

Hoe kan dat?
Snap je nu waarom de koningin haar gele én haar
zwarte hoed op haar hoofd had?
(Kijk op bladzijde 55.)

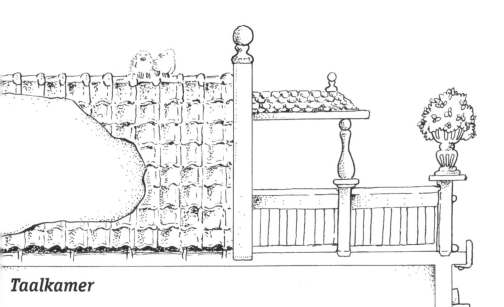

Taalkamer

Je leest over:
Torentjes die zo rood zijn als kersen in mei.
Een snavel die zo rood is als bloed
en ogen die van kristal lijken.
De tuin van het kasteel die net een droom is.
Esmée die zich als een poesje oprolt.

Doe je ogen eens dicht en stel je voor hoe de dingen eruitzien.

Anne Takens schreef een e-mail
aan alle lezers.
Lees maar op de volgende bladzijde.

Van: annetakens@annetakensmyweb.nl
Aan: <alle lezers van Villa Alfabet>
Onderwerp: Prinsesje Zonnekind

Dag lezers,

Toen ik zes was wilde ik al schrijfster worden, maar... ik
kon helaas niet naar school! Er was oorlog (de Tweede
Wereldoorlog) en in onze school zaten soldaten. Thuis, in
mijn kamertje, verzon ik verhaaltjes en beloofde mezelf dat
ik die zou opschrijven, als ik alle letters had geleerd.
Zodra de oorlog voorbij was, mocht ik naar school. In groep
zes schreef ik een boekje in een dik schrift. Ik noemde het:
'Snuffeltje, de wijze kabouter'.
Jammer genoeg is het schrift kwijtgeraakt, maar mijn
droom om schrijfster te worden kwam toch uit.
Het sprookje over het prinsesje en de nachtheks heb ik
geschreven omdat ik zo van de zon hou. Ik zou in een land
willen wonen met veel zonneschijn en weinig regen.
Ook heeft het sprookje te maken met oorlog. Oorlog is
donker en vol gevaren. In mijn verhaal over het prinsesje
en de heks lijkt het of het nooit meer dag zal worden. Maar
dan komt de vogel Iwan. Hij verjaagt de boze heks en de
zon komt weer op!

Anne Takens

Villa-vragen

🏠 *Vragen na hoofdstuk 3, bladzij 21*
1 Je hebt gelezen wat de koning doet en wat de koningin allemaal doet. Wie zou jij willen zijn?
2 Esmée gaat een kast in en ziet een wenteltrap. Ze gaat langzaam de trap af. Ze denkt: 'Ik ga terug', maar ze loopt toch door.
   Hoe komt dat en wat zou jij doen?

🏠 *Vragen na hoofdstuk 5, bladzij 34*
1 Ken je een ander sprookje waarin iemand die kwaad wil, iets naars voorspelt?
2 Doen de koning en koningin in hoofdstuk 5 anders dan eerst?
3 Welke vreemde dingen kunnen er gaan gebeuren?

🏠 *Vraag na hoofdstuk 6, bladzij 41*
   Aan welke woorden en zinnen in dit hoofdstuk zie je dat Esmée zich heel eenzaam en alleen voelt?

🏠 *Vragen na hoofdstuk 10, bladzij 59*
1 Waarom zijn de letters op de bladzijden 40-50 wit?
2 Vind je de woorden die hieronder staan goed bij Iwan passen?
   vriend - redder - troost
3 Waar denk je aan bij Zonnekind? En waaraan bij Nachtkind?

VillA Alfabet